国家骨干高职院校建设项目化教学规划教材
城市轨道交通运营管理专业项目化教材

CHENGGUI CHEZHAN FUWU XUESHENG GONGZUOYE

城轨车站服务学生工作页

张晓玲　张　翠◎编著

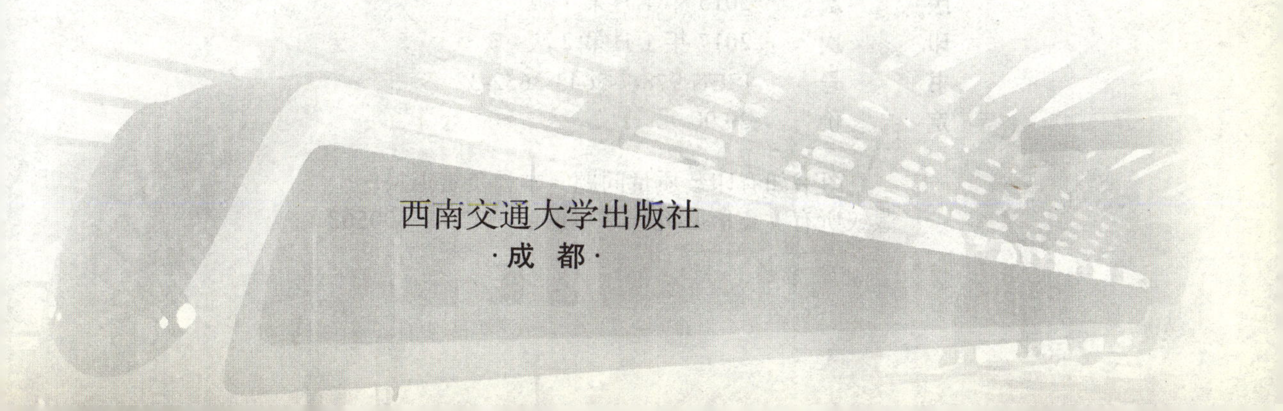

西南交通大学出版社
·成　都·

图书在版编目(CIP)数据

城轨车站服务学生工作页 / 张晓玲，张翠编著. —成都：西南交通大学出版社，2015.1（2017.1 重印）
国家骨干高职院校建设项目化教学规划教材. 城市轨道交通运营管理专业项目化教材
ISBN 978-7-5643-3652-3

Ⅰ. ①城… Ⅱ. ①张… ②张… Ⅲ. ①城市铁路－铁路运输－客运服务－高等职业教育－教材 Ⅳ. ①U293.5

中国版本图书馆 CIP 数据核字（2014）第 313447 号

国家骨干高职院校建设项目化教学规划教材
城市轨道交通运营管理专业项目化教材
城轨车站服务学生工作页
张晓玲 张 翠 编著

责任编辑	张华敏
特邀编辑	鲁会茹
封面设计	何东琳设计工作室
出版发行	西南交通大学出版社 (四川省成都市二环路北一段 111 号 西南交通大学创新大厦 21 楼)
发行部电话	028-87600564 028-87600533
邮政编码	610031
网 址	http: //www.xnjdcbs.com
印 刷	成都勤德印务有限公司
成品尺寸	185 mm × 260 mm
印 张	4.5
字 数	111 千字
版 次	2015 年 1 月第 1 版
印 次	2017 年 1 月第 2 次
书 号	ISBN 978-7-5643-3652-3
定 价	20.00 元

图书如有印装质量问题 本社负责退换
版权所有 盗版必究 举报电话：028-87600562

国家骨干高职院校建设
项目化教学规划教材编委会

主　任：苏东民（郑州铁路职业技术学院）
　　　　李学章（郑州铁路局）
副主任：董黎生（郑州铁路职业技术学院）
　　　　张　洲（郑州市轨道交通有限公司）
　　　　胡书强（郑州铁路局职工教育处）
委　员：宋文朝（郑州铁路局机务处）
　　　　石建伟（郑州铁路局车辆处）
　　　　马锡忠（郑州铁路局运输处）
　　　　王汉兵（郑州铁路局供电处）
　　　　杨泽举（郑州铁路局电务处）
　　　　李保成（郑州铁路局工务处）
　　　　马子彦（郑州市轨道交通有限公司）
　　　　张中央（郑州铁路职业技术学院）
　　　　华　平（郑州铁路职业技术学院）
　　　　张惠敏（郑州铁路职业技术学院）
　　　　伍　玫（郑州铁路职业技术学院）
　　　　徐广民（郑州铁路职业技术学院）
　　　　戴明宏（郑州铁路职业技术学院）
　　　　倪　居（郑州铁路职业技术学院）
　　　　胡殿宇（郑州铁路职业技术学院）
　　　　李福胜（郑州铁路职业技术学院）
　　　　冯　湘（郑州铁路职业技术学院）
　　　　陈享成（郑州铁路职业技术学院）
　　　　耿长清（郑州铁路职业技术学院）
　　　　张　勤（郑州铁路职业技术学院）

城市轨道交通运营管理专业项目化教材
——《城轨车站服务学生工作页》编委会

主　任：伍　玫（郑州铁路职业技术学院）
　　　　汪国利（郑州市轨道交通有限公司运营分公司）
　　　　陈爱国（郑州铁路局职教处）

副主任：牛红霞（郑州铁路职业技术学院）
　　　　王转健（郑州市轨道交通有限公司运营分公司）

委　员：窦　亮（郑州市轨道交通有限公司运营分公司）
　　　　李　磊（郑州市轨道交通有限公司运营分公司）
　　　　张红欣（郑州市轨道交通有限公司运营分公司）
　　　　孙明川（郑州铁路局郑州北车站）
　　　　贾国强（郑州铁路局新密站）
　　　　鲍生华（郑州铁路局客票中心）
　　　　张晓玲（郑州铁路职业技术学院）
　　　　张大勇（郑州铁路职业技术学院）
　　　　孙仕明（郑州铁路职业技术学院）
　　　　李慧娟（郑州铁路职业技术学院）
　　　　李攀科（郑州铁路职业技术学院）
　　　　张小魁（郑州市轨道交通有限公司运营分公司）
　　　　李院明（郑州市轨道交通有限公司运营分公司）
　　　　解　慧（郑州铁路职业技术学院）
　　　　张　翠（郑州铁路职业技术学院）
　　　　马　芳（郑州铁路职业技术学院）

前　言

为了满足高等职业教育迅速发展的需要，根据国家高职高专骨干院校重点建设专业——城市轨道交通运营管理专业的建设要求，我们组织了有经验的企业专家和教学一线的专业教师，在对城市轨道交通运输企业的新发展、行业人才的新需求进行深入研究的前提下，编写了本套教材。

本书是城市轨道交通运营管理专业的一门专业主干课教材《城轨车站服务》的配套实训用书，在培养城轨运营服务人才方面起着重要作用。本书被列为高职院校精品课程“十二五”规划教材。

本书从城市轨道交通车站服务岗位工作要求出发，根据《城轨车站服务》教材的教学内容，给出了与之配套的实践练习题目，以供相关专业的学生进行实践演练。本书内容划分为4个项目，共有17个任务，具体内容包括：

1. 城市轨道交通客运服务业务素质培养，着重对服务行业认知、企业文化建设认知、职业道德规范培养、车站票务工作、城轨行车基础知识进行练习和巩固；
2. 城市轨道交通客运服务礼仪培养，主要对仪容礼仪、仪表礼仪、仪态礼仪、沟通礼仪进行练习和培养；
3. 城市轨道交通车站客运服务内容，按照乘客进站流程中的关键点安排教学内容，主要对乘客进站服务、乘客购票服务、乘客进闸服务、乘客候车服务、乘客出闸服务、乘客出站服务进行练习和知识巩固；
4. 城市轨道交通乘客投诉及伤亡处理，主要对乘客投诉处理、乘客伤亡处理的流程和规范进行练习和知识巩固。

本书可作为高职高专城市轨道交通运营管理专业的教学配套用书，还可以作为成人高等院校、各类培训学校及轨道运输企业职工的培训配套教材。

全书由张晓玲、张翠编著。郑州铁路职业技术学院张晓玲编写项目一和项目三；郑州铁路职业技术学院张翠编写项目二和项目四。

在本书编写的过程中，郑州市轨道交通有限公司运营分公司、广州市地下铁道总公司、南京地铁集团有限公司、郑州铁路局郑州车站、郑州东车站、洛阳龙门车站、洛阳车站的部分现场专家及业务能手等给与了大力支持和帮助，提出了许多宝贵意见，在此表示衷心感谢。

由于编者水平所限，书中难免有缺点和错误，恳请读者批评指正。

编　者

2015年1月

目　录

项目一　城市轨道交通客运服务基本业务素质培养

任务一　服务行业认识

学生工作页（1–1）

班级：	学号：	姓名：	小组：
学习性工作任务	1.1　服务行业认识		
实践性工作任务	认识服务行业		参考学时：2
【知识技能要求】			
1. 了解服务行业的特点；了解影响车站服务质量的因素； 2. 掌握服务可靠性措施和补救性服务措施； 3. 了解服务意识；掌握服务工作标准； 4. 能够提供可靠性的服务； 5. 能对乘客不满意的服务进行补救； 6. 能够在岗时严格按照工作标准执行工作任务。			
资讯：任务准备阶段	【引导文】 1. 什么是服务？		

资讯：任务准备阶段	2. 服务有哪些特点？ 3. 影响车站服务质量的因素有哪些？ 4. 如何实施补救性服务？

资讯：任务准备阶段	5. 站务人员应该具备哪些服务意识？ 6. 站务人员应该掌握哪些服务标准？ 7. 比对地铁、公交、出租、长途大巴四种交通出行方式乘客服务的特点，进行调查，制作演示文稿。

<table>
<tr><td rowspan="3">计划与决策：任务实施方案制定阶段</td><td>查阅资料
获取信息</td><td colspan="2">1. 复习《城市轨道交通概论》关于客运服务等内容。
2. 参考《城市轨道交通服务礼仪》（人民交通出版社，高蓉）相关内容。
3. 浏览北京、广州、上海、深圳、南京、沈阳地铁等网站，查找各公司关于乘客车站服务中的各项规定等方面的相关资料。</td></tr>
<tr><td>教师指导
任务要点</td><td colspan="2">1. 通过“引导文”学习本任务应掌握的知识要点。
2. 应强调服务意识在车站服务中的重要作用，引导学生正确使用服务用语。
3. 明确运营公司对乘客服务的各项规章制度。</td></tr>
<tr><td>任务实施
方案制定</td><td colspan="2"></td></tr>
<tr><td rowspan="3">任务实施</td><td colspan="2">时间：</td><td>地点：</td></tr>
<tr><td colspan="3">实施要点：</td></tr>
<tr><td colspan="3">实施过程记录另附。</td></tr>
<tr><td>评价</td><td colspan="3">通过个人工作页的完成质量，结合小组代表成果展示，完成本次工作任务的检查与评价。
自评分数：
组内互评：
<table>
<tr><td>评价人</td><td>组员一</td><td>组员二</td><td>组员三</td><td>组员四</td><td>组员五</td><td>组员六</td><td>组员七</td><td>组员八</td><td>总评</td></tr>
<tr><td>得分</td><td></td><td></td><td></td><td></td><td></td><td></td><td></td><td></td><td></td></tr>
</table>
小组互评：
<table>
<tr><td>组名</td><td>第一组</td><td>第二组</td><td>第三组</td><td>第四组</td><td>第五组</td><td>第六组</td><td>第七组</td></tr>
<tr><td>得分</td><td></td><td></td><td></td><td></td><td></td><td></td><td></td></tr>
<tr><td>组名</td><td>第八组</td><td>第九组</td><td>第十组</td><td>第十一组</td><td>第十二组</td><td>第十三组</td><td>第十四组</td></tr>
<tr><td>得分</td><td></td><td></td><td></td><td></td><td></td><td></td><td></td></tr>
</table>
个人总评：</td></tr>
</table>

任务二　企业文化建设认识

学生工作页（1–2）

<table>
<tr><td colspan="2">班级：</td><td>学号：</td><td>姓名：</td><td>小组：</td></tr>
<tr><td colspan="2">学习性工作任务</td><td colspan="3">1.2　企业文化建设认识</td></tr>
<tr><td colspan="2">实践性工作任务</td><td colspan="2">认识企业文化</td><td>参考学时：2</td></tr>
<tr><td colspan="5">【知识技能要求】</td></tr>
<tr><td colspan="5">1. 掌握企业文化的内容、基本特征；
2. 了解企业文化形成机制及建设的主要环节；
3. 熟悉企业文化传承的基本过程及传播方式；
4. 能够运用经营思想、经营策略指导行为方式及进行实际操作，会编制企业文化手册。</td></tr>
<tr><td>资讯：任务准备阶段</td><td colspan="4">【引导文】
1. 什么是企业文化？

2. 企业文化有哪些内容？

3. 企业文化的表现形式有哪些？

4. 企业文化创立的程序有哪些？</td></tr>
</table>

资讯：任务准备阶段	5. 企业文化创立的方法有哪些？ 6. 请依据所在城市的轨道交通特点，编制企业文化手册。	
计划与决策：任务实施方案制定阶段	查阅资料获取信息	1. 复习《城市轨道交通概论》关于客运服务等内容。 2. 参考《城市轨道交通服务礼仪》（人民交通出版社，高蓉）相关内容。 3. 浏览北京、广州、上海、深圳、南京、沈阳地铁等网站，查找各公司关于乘客车站服务中的各项规定等方面的相关资料。
	教师指导任务要点	1. 通过“引导文”学习本任务应掌握的知识要点。 2. 应强调服务意识在车站服务中的重要作用，引导学生正确使用服务用语。 3. 明确运营公司对乘客服务的各项规章制度。
	任务实施方案制定	
任务实施	时间：	地点：
	实施要点：	
	实施过程记录另附。	
评价	通过个人工作页的完成质量，结合小组代表成果展示，完成本次工作任务的检查与评价。 自评分数： 组内互评：	

评价人	组员一	组员二	组员三	组员四	组员五	组员六	组员七	组员八	总评
得分									

小组互评：

组名	第一组	第二组	第三组	第四组	第五组	第六组	第七组
得分							
组名	第八组	第九组	第十组	第十一组	第十二组	第十三组	第十四组
得分							

个人总评：

任务三　职业道德规范培养

学生工作页（1–3）

<table>
<tr><td colspan="2">班级：</td><td>学号：</td><td>姓名：</td><td>小组：</td></tr>
<tr><td colspan="2">学习性工作任务</td><td colspan="3">1.3　职业道德规范培养</td></tr>
<tr><td colspan="2">实践性工作任务</td><td colspan="2">职业道德规范的培养</td><td>参考学时：2</td></tr>
<tr><td colspan="5">【知识技能要求】</td></tr>
<tr><td colspan="5">1. 了解职业道德的作用；
2. 培养敬业、乐业、勤业和无私正直的修养和理念。</td></tr>
<tr><td>资讯：任务准备阶段</td><td colspan="4">【引导文】
1. 什么是职业道德？

2. 职业道德的突出特点有哪些？

3. 城市轨道交通行业职业道德的基本特征有哪些？

4. 城市轨道交通行业职业道德的重要作用有哪些？</td></tr>
</table>

资讯：任务准备阶段	5. 城市轨道交通行业职业道德的主要内容有哪些？ 6. 城市轨道交通服务人员的素质要求有哪些？ 7. 在某地一家饭店餐厅的午餐时间，来自台湾的旅游团在此用餐，当服务员发现一位70多岁的老人面前的空饭碗时，就轻步上前，柔声说道：“请问老先生，您还要饭吗？”那位先生摇了摇头，服务员又问道：“那先生您完了吗？还需要什么吗？”只见那位老先生冷冷一笑，说：“小姐，我今年70多岁了，这辈子还没落到要饭吃的地步，怎么会要饭呢？我的身体还硬朗着呢，不会一下子完的。”由此可见，由于服务人员用语不合规范，尽管出于好心，却在无意中伤害了客人，这不能怪客人敏感和多疑。 请分析以上案例，说明服务人员缺乏哪些职业素质？

资讯：任务准备阶段	8. 在2005年7月的一次突发事故中，哈尔滨客运段有18趟列车受阻，晚点在10个小时以上列车的就有7趟。天津车队担当的大连临客，在开原站受阻4个多小时，4号车厢的乘客情绪激动。车长受到围攻和谩骂，他在这节车厢向乘客鞠躬30多次，最终感动了乘客。为了保证餐饮的正常供应，每位服务人员在早晨只喝了一碗粥，并继续为乘客提供细致的服务，这种精神感化了大家，乘客主动帮助服务人员清理车厢卫生，还组织了义务宣传队，到各车厢宣传要文明乘车，最终列车安全到达目的地。从上述事件中可以看到，在面对乘客的不满情绪和过激言行时，服务人员除了代表铁路部门进行道歉外，还需用良好的服务去稳定乘客情绪、化解矛盾。 请分析以上案例，说明服务人员具备了哪些职业素质才能从容应对突发事件？

<table>
<tr><td rowspan="3">计划与决策：任务实施方案制定阶段</td><td>查阅资料
获取信息</td><td>1. 复习《城市轨道交通概论》关于客运服务等内容。
2. 参考《城市轨道交通服务礼仪》（人民交通出版社，高蓉）相关内容。
3. 浏览北京、广州、上海、深圳、南京、沈阳地铁等网站，查找各公司关于职业道德培养等方面的相关资料。</td></tr>
<tr><td>教师指导
任务要点</td><td>1. 通过“引导文”学习本任务应掌握的知识要点。
2. 应强调职业道德在车站服务中的重要作用，引导学生树立良好的职业道德。
3. 明确运营公司对职业道德的各项要求。</td></tr>
<tr><td>任务实施
方案制定</td><td></td></tr>
<tr><td rowspan="3">任务实施</td><td>时间：</td><td>地点：</td></tr>
<tr><td colspan="2">实施要点：</td></tr>
<tr><td colspan="2">实施过程记录另附。</td></tr>
<tr><td>评价</td><td colspan="2">通过个人工作页的完成质量，结合小组代表成果展示，完成本次工作任务的检查与评价。

自评分数：

组内互评：
<table>
<tr><td>评价人</td><td>组员一</td><td>组员二</td><td>组员三</td><td>组员四</td><td>组员五</td><td>组员六</td><td>组员七</td><td>组员八</td><td>总评</td></tr>
<tr><td>得分</td><td></td><td></td><td></td><td></td><td></td><td></td><td></td><td></td><td></td></tr>
</table>
小组互评：
<table>
<tr><td>组名</td><td>第一组</td><td>第二组</td><td>第三组</td><td>第四组</td><td>第五组</td><td>第六组</td><td>第七组</td></tr>
<tr><td>得分</td><td></td><td></td><td></td><td></td><td></td><td></td><td></td></tr>
<tr><td>组名</td><td>第八组</td><td>第九组</td><td>第十组</td><td>第十一组</td><td>第十二组</td><td>第十三组</td><td>第十四组</td></tr>
<tr><td>得分</td><td></td><td></td><td></td><td></td><td></td><td></td><td></td></tr>
</table>
个人总评：</td></tr>
</table>

任务四　车站票务工作

学生工作页（1–4）

<table>
<tr><td>班级：</td><td colspan="2">学号：</td><td>姓名：</td><td>小组：</td></tr>
<tr><td>学习性工作任务</td><td colspan="4">1.4　车站票务工作</td></tr>
<tr><td>实践性工作任务</td><td colspan="3">训练票务报表的填写和售票系统的使用</td><td>参考学时：6</td></tr>
<tr><td colspan="5">【知识技能要求】</td></tr>
<tr><td colspan="5">1. 掌握票款的收缴、结算、票务报表编制、票证管理；
2. 掌握人民币真假识别；
3. 掌握点卡机、电子计数器，硬币分拣计数机、便携式查询机的使用；
4. 能正确操作人工售票机；
5. 能正确办理人工补票；
6. 能正确操作自动售票机；
7. 能正确处理常见票务事务。</td></tr>
<tr><td>资讯：任务准备阶段</td><td colspan="4">【引导文】
1. 如何做到票卡安全？

2. 如何做到票款安全？</td></tr>
</table>

资讯：任务准备阶段	3. 当你收到假币时如何处理？ 4. 简单描述如何在 BOM 上出售一张单程票？ 5. 简单描述如何在 BOM 上对储值票进行加值？练习在 EOF 上对车票进行免费更新、超时更新、超程更新。

资讯：任务准备阶段	6. 简单描述如何在 BOM 上对单程票更新？ 7. 简单描述如何发售免费出站票？ 8. 在 EOF 方式中，如何分析一张车票？

<table>
<tr><td rowspan="3">计划与决策：任务实施方案制定阶段</td><td>查阅资料获取信息</td><td>1. 复习《城市轨道交通概论》关于客运服务等内容。
2. 参考《城市轨道交通服务礼仪》（人民交通出版社，高蓉）相关内容。
3. 浏览北京、广州、上海、深圳、南京、沈阳地铁等网站，查找各公司关于票务管理等方面的相关资料。</td></tr>
<tr><td>教师指导任务要点</td><td>1. 通过“引导文”学习本任务应掌握的知识要点。
2. 应强调 AFC 系统对车站运作的重要性。
3. 要求练习人民币的伪钞识别。
4. 练习在 BOM 下出售单程票、储值票加值、车票分析（单程票、储值票）。
5. 练习在 EOF 下分析车票、超时更新、超程更新和免费更新。
6. 练习填写票务报表（10 种）。
7. 练习故障清客后针对单程票和储值票的处理。</td></tr>
<tr><td>任务实施方案制定</td><td></td></tr>
<tr><td rowspan="3">任务实施</td><td colspan="2">时间：　　　　　　　　地点：</td></tr>
<tr><td colspan="2">实施要点：</td></tr>
<tr><td colspan="2">实施过程记录另附。</td></tr>
<tr><td>评价</td><td colspan="2">通过个人工作页的完成质量，结合小组代表成果展示，完成本次工作任务的检查与评价。

自评分数：

组内互评：
<table>
<tr><td>评价人</td><td>组员一</td><td>组员二</td><td>组员三</td><td>组员四</td><td>组员五</td><td>组员六</td><td>组员七</td><td>组员八</td><td>总评</td></tr>
<tr><td>得分</td><td></td><td></td><td></td><td></td><td></td><td></td><td></td><td></td><td></td></tr>
</table>
小组互评：
<table>
<tr><td>组名</td><td>第一组</td><td>第二组</td><td>第三组</td><td>第四组</td><td>第五组</td><td>第六组</td><td>第七组</td></tr>
<tr><td>得分</td><td></td><td></td><td></td><td></td><td></td><td></td><td></td></tr>
<tr><td>组名</td><td>第八组</td><td>第九组</td><td>第十组</td><td>第十一组</td><td>第十二组</td><td>第十三组</td><td>第十四组</td></tr>
<tr><td>得分</td><td></td><td></td><td></td><td></td><td></td><td></td><td></td></tr>
</table>
个人总评：</td></tr>
</table>

任务五　城轨行车基础知识

学生工作页（1–5）

<table>
<tr><td>班级：</td><td>学号：</td><td>姓名：</td><td>小组：</td></tr>
<tr><td>学习性工作任务</td><td colspan="3">1.5　城轨行车基础知识</td></tr>
<tr><td>实践性工作任务</td><td colspan="2">训练屏蔽门开闭和手信号显示</td><td>参考学时：6</td></tr>
<tr><td colspan="4">【知识技能要求】</td></tr>
<tr><td colspan="4">1. 学会使用紧急停车按钮，掌握紧急停车按钮的使用背景；
2. 学会打开和关闭屏蔽门、安全门；
3. 掌握应急门操作；
4. 掌握不同情况下手信号的显示。</td></tr>
<tr><td>资讯：任务准备阶段</td><td colspan="3">【引导文】
1. 站台紧急按钮的设置与作用是如何规定的？

2. 如何通过站台端头控制盒（PSL）进行屏蔽门/安全门的开门、关门操作？</td></tr>
</table>

资讯：任务准备阶段	3. 屏蔽门/安全门关闭后无法发车，如何处理？ 4. 停车信号和要求列车停车如何显示？ 5. 减速信号如何显示？

资讯：任务准备阶段	6. 如何显示发车信号？ 7. 如何显示引导手信号？ 8. 如何显示道岔开通信号？ 9. 手信号的显示时机是如何规定的？

计划与决策：任务实施方案制定阶段	查阅资料获取信息	1. 复习《城市轨道交通概论》关于客运服务等内容。 2. 参考《城市轨道交通服务礼仪》（人民交通出版社，高蓉）相关内容。 3. 浏览北京、广州、上海、深圳、南京、沈阳地铁等网站，查找各公司关于屏蔽门开闭、手信号显示等方面的相关资料。
	教师指导任务要点	1. 通过“引导文”学习本任务应掌握的知识要点。 2. 应强调行车系统对车站运作的重要性。 3. 要求练习屏蔽门开闭操作。 4. 练习应急门开闭操作。 5. 练习手信号（停车、减速、发车、通过、临时停车、引导手信号、道岔开通）。
	任务实施方案制定	
任务实施	时间：	地点：
	实施要点：	
	实施过程记录另附。	

评价

通过个人工作页的完成质量，结合小组代表成果展示，完成本次工作任务的检查与评价。

自评分数：

组内互评：

评价人	组员一	组员二	组员三	组员四	组员五	组员六	组员七	组员八	总评
得分									

小组互评：

组名	第一组	第二组	第三组	第四组	第五组	第六组	第七组
得分							
组名	第八组	第九组	第十组	第十一组	第十二组	第十三组	第十四组
得分							

个人总评：

项目二　城市轨道交通服务基本礼仪培养

任务一　仪容仪表培养

学生工作页（2–1）

<table>
<tr><td>班级：</td><td>学号：</td><td>姓名：</td><td>小组：</td></tr>
<tr><td>学习性工作任务</td><td colspan="3">2.1　仪容仪表培养</td></tr>
<tr><td>实践性工作任务</td><td colspan="2">女性服务人员的淡妆实训</td><td>参考学时：2</td></tr>
<tr><td colspan="4">【知识技能要求】</td></tr>
<tr><td colspan="4">1. 掌握客流计划的作用。
2. 掌握轨道交通服务人员职业淡妆的基本操作步骤。
3. 能够按岗位要求恰当修饰仪容。
4. 根据所学仪容仪表知识，完成女性服务人员的淡妆实训。</td></tr>
<tr><td>资讯：任务准备阶段</td><td colspan="3">【引导文】
1. 修饰仪容的基本要求是什么？

2. 作为轨道交通服务人员，发型的修饰有什么要求？

3. 化妆的原则和禁忌各是什么？</td></tr>
</table>

<table>
<tr><td>资讯：任务准备阶段</td><td colspan="3">4. 化淡妆的步骤是什么？</td></tr>
<tr><td rowspan="3">计划与决策：任务实施方案制定阶段</td><td>查阅资料获取信息</td><td colspan="2">1. 参考《城市轨道交通服务礼仪》（人民交通出版社，高蓉）相关内容。
2. 参考《现代交际礼仪实训教程》（清华大学出版社，张岩松、唐召英）相关内容。
3. 通过网络浏览中国礼仪网及金正昆、余世维、周思敏、纪亚飞等礼仪专家或专业人员的礼仪讲座进行礼仪知识的学习和拓展。</td></tr>
<tr><td>教师指导任务要点</td><td colspan="2">1. 通过“引导文”学习本任务应掌握的知识要点。
2. 应明岗位要求中对仪容修饰，如面部、手部、体味和发型等方面的要求。
3. 指导学生正确完成化淡妆、卸妆和皮肤保养等程序。</td></tr>
<tr><td>任务实施方案制定</td><td colspan="2"></td></tr>
<tr><td rowspan="3">任务实施</td><td colspan="2">时间：</td><td>地点：</td></tr>
<tr><td colspan="3">实施要点：</td></tr>
<tr><td colspan="3">实施过程记录另附。</td></tr>
<tr><td>评价</td><td colspan="3">通过个人工作页的完成质量，结合小组代表成果展示，完成本次工作任务的检查与评价。
自评分数：
组内互评：
<table>
<tr><td>评价人</td><td>组员一</td><td>组员二</td><td>组员三</td><td>组员四</td><td>组员五</td><td>组员六</td><td>组员七</td><td>组员八</td><td>总评</td></tr>
<tr><td>得分</td><td></td><td></td><td></td><td></td><td></td><td></td><td></td><td></td><td></td></tr>
</table>
小组互评：
<table>
<tr><td>组名</td><td>第一组</td><td>第二组</td><td>第三组</td><td>第四组</td><td>第五组</td><td>第六组</td><td>第七组</td></tr>
<tr><td>得分</td><td></td><td></td><td></td><td></td><td></td><td></td><td></td></tr>
<tr><td>组名</td><td>第八组</td><td>第九组</td><td>第十组</td><td>第十一组</td><td>第十二组</td><td>第十三组</td><td>第十四组</td></tr>
<tr><td>得分</td><td></td><td></td><td></td><td></td><td></td><td></td><td></td></tr>
</table>
个人总评：</td></tr>
</table>

任务二　仪表礼仪培养

学生工作页（2–2）

<table>
<tr><td colspan="2">班级：</td><td>学号：</td><td>姓名：</td><td>小组：</td></tr>
<tr><td>学习性工作任务</td><td colspan="4">2.2　仪表礼仪培养</td></tr>
<tr><td>实践性工作任务</td><td colspan="3">根据不同场合要求完成正装的穿着搭配</td><td>参考学时：2</td></tr>
<tr><td colspan="5">【知识技能要求】</td></tr>
<tr><td colspan="5">1. 掌握男士和女士内衣穿着的礼仪；
2. 掌握女士套装的穿着和男士西服的穿着；
3. 根据不同场合要求完成男士和女士正装的穿着搭配。</td></tr>
<tr><td>资讯：任务准备阶段</td><td colspan="4">【引导文】
1. 男士西服的穿着禁忌是什么？</td></tr>
</table>

资讯：任务准备阶段	2. 女士服装的穿着禁忌是什么？ 3. 城市轨道交通客运服务人员制服的穿着要求和规范是什么？

资讯：任务准备阶段	4. 女性穿内衣的礼节、礼貌包含哪些内容？ 5. 城市轨道交通服务人员的形象标准是什么？

计划与决策：任务实施方案制定阶段	查阅资料获取信息	1. 参考《城市轨道交通服务礼仪》（人民交通出版社，高蓉）相关内容。 2. 参考《现代交际礼仪实训教程》（清华大学出版社，张岩松、唐召英）相关内容。 3. 通过网络浏览中国礼仪网及金正昆、余世维、周思敏、纪亚飞等礼仪专家或专业人员的礼仪讲座进行礼仪知识的学习和拓展。
	教师指导任务要点	1. 通过“引导文”学习本任务应掌握的知识要点。 2. 明确男士和女士在不同场合中正装的穿着。 3. 注意城市轨道交通服务人员的制服和一般服饰的区别。 4. 注意男性和女性在内衣穿着方面的礼节、礼貌。
	任务实施方案制定	
任务实施	时间：	地点：
	实施要点：	
	实施过程记录另附。	
评价	通过个人工作页的完成质量，结合小组代表成果展示，完成本次工作任务的检查与评价。 自评分数： 组内互评：	

评价人	组员一	组员二	组员三	组员四	组员五	组员六	组员七	组员八	总评
得分									

小组互评：

组名	第一组	第二组	第三组	第四组	第五组	第六组	第七组
得分							
组名	第八组	第九组	第十组	第十一组	第十二组	第十三组	第十四组
得分							

个人总评：

任务三 仪态礼仪培养

学生工作页（2–3）

<table>
<tr><td colspan="2">班级：</td><td>学号：</td><td>姓名：</td><td>小组：</td></tr>
<tr><td>学习性工作任务</td><td colspan="4">2.3　仪态礼仪培养</td></tr>
<tr><td>实践性工作任务</td><td colspan="3">训练站姿、坐姿、蹲姿等仪态</td><td>参考学时：2</td></tr>
<tr><td colspan="5">【知识技能要求】</td></tr>
<tr><td colspan="5">1. 了解仪态仪表在客运服务中的作用；
2. 掌握表情、站姿、坐姿、步态、蹲姿等礼仪要求；
3. 实施站姿、坐姿、步态和蹲姿等礼仪训练。</td></tr>
<tr><td>资讯：任务准备阶段</td><td colspan="4">【引导文】
1. 表情礼仪的社交作用体现在哪些方面？

2. 表情礼仪的基本原则是什么？</td></tr>
</table>

资讯：任务准备阶段	3. 在客运服务中微笑的禁忌有哪些？ 4. 站姿的要领是什么？ 5. 工作中有哪些不同的站姿方式？ 6. 坐姿的基本要求是什么？

资讯：任务准备阶段	7. 男士和女士常见的坐姿形式有哪些？ 8. 不同工作情况下的步态标准是什么？ 9. 蹲姿的禁忌有哪些？

<table>
<tr><td rowspan="3">计划与决策：任务实施方案制定阶段</td><td>查阅资料
获取信息</td><td colspan="2">1. 参考《城市轨道交通服务礼仪》（人民交通出版社，高蓉）相关内容。
2. 参考《现代交际礼仪实训教程》（清华大学出版社，张岩松、唐召英）相关内容。
3. 通过网络浏览中国礼仪网及金正昆、余世维、周思敏、纪亚飞等礼仪专家或专业人员的礼仪讲座进行礼仪知识的学习和拓展。</td></tr>
<tr><td>教师指导
任务要点</td><td colspan="2">1. 通过“引导文”学习本任务应掌握的知识要点。
2. 明确表情、站姿、坐姿、步态、蹲姿礼仪在城市轨道交服务中的重要性。
3. 注意不同坐姿、站姿和步态的要求和适用场合。
4. 正确引导学生进行仪态礼仪的训练。</td></tr>
<tr><td>任务实施
方案制定</td><td colspan="2"></td></tr>
<tr><td rowspan="3">任务实施</td><td colspan="2">时间：</td><td>地点：</td></tr>
<tr><td colspan="3">实施要点：</td></tr>
<tr><td colspan="3">实施过程记录另附。</td></tr>
<tr><td>评价</td><td colspan="3">通过个人工作页的完成质量，结合小组代表成果展示，完成本次工作任务的检查与评价。
自评分数：
组内互评：
<table>
<tr><td>评价人</td><td>组员一</td><td>组员二</td><td>组员三</td><td>组员四</td><td>组员五</td><td>组员六</td><td>组员七</td><td>组员八</td><td>总评</td></tr>
<tr><td>得分</td><td></td><td></td><td></td><td></td><td></td><td></td><td></td><td></td><td></td></tr>
</table>
小组互评：
<table>
<tr><td>组名</td><td>第一组</td><td>第二组</td><td>第三组</td><td>第四组</td><td>第五组</td><td>第六组</td><td>第七组</td></tr>
<tr><td>得分</td><td></td><td></td><td></td><td></td><td></td><td></td><td></td></tr>
<tr><td>组名</td><td>第八组</td><td>第九组</td><td>第十组</td><td>第十一组</td><td>第十二组</td><td>第十三组</td><td>第十四组</td></tr>
<tr><td>得分</td><td></td><td></td><td></td><td></td><td></td><td></td><td></td></tr>
</table>
个人总评：</td></tr>
</table>

任务四　沟通礼仪培养

学生工作页（2–4）

班级：		学号：	姓名：	小组：
学习性工作任务	2.4　沟通礼仪培养			
实践性工作任务	分组、分情境、分角色进行沟通礼仪训练			参考学时：2
【知识技能要求】				
1. 了解见面中的相关礼仪； 2. 掌握不同情况下的握手礼； 3. 掌握文明规范的服务语言； 4. 掌握与乘客沟通的技巧； 5. 分组、分情境、分角色对常见的与乘客沟通有问题的情况进行模拟演练。				
资讯：任务准备阶段	【引导文】 1. 应答礼应该注意哪些情形？			

资讯：任务准备阶段	2. 握手中应注意哪些事项？ 3. 文明规范的服务用语包括哪些？ 4. 与乘客沟通中看的技巧是什么？

资讯：任务准备阶段	5. 与乘客沟通中听的技巧是什么？ 6. 与乘客沟通中说的技巧是什么？ 7. 与乘客沟通中问的技巧是什么？

<table>
<tr><td rowspan="3">计划与决策：任务实施方案制定阶段</td><td>查阅资料
获取信息</td><td>1. 参考《城市轨道交通服务礼仪》(人民交通出版社，高蓉)相关内容。
2. 参考《现代交际礼仪实训教程》(清华大学出版社，张岩松、唐召英)相关内容。
3. 通过网络浏览中国礼仪网及金正昆、余世维、周思敏、纪亚飞等礼仪专家或专业人员的礼仪讲座进行礼仪知识的学习和拓展。</td></tr>
<tr><td>教师指导
任务要点</td><td>1. 通过“引导文”学习本任务应掌握的知识要点。
2. 应明确作为服务人员与乘客间在见面、交往、沟通等方面礼仪的重要性。
3. 注意与乘客沟通中容易出现的问题。
4. 加强学生在实训和演练中对沟通礼仪的认识和重视。</td></tr>
<tr><td>任务实施
方案制定</td><td></td></tr>
<tr><td rowspan="3">任务实施</td><td>时间：</td><td>地点：</td></tr>
<tr><td colspan="2">实施要点：</td></tr>
<tr><td colspan="2">实施过程记录另附。</td></tr>
<tr><td>评价</td><td colspan="2">通过个人工作页的完成质量，结合小组代表成果展示，完成本次工作任务的检查与评价。

自评分数：

组内互评：
<table>
<tr><td>评价人</td><td>组员一</td><td>组员二</td><td>组员三</td><td>组员四</td><td>组员五</td><td>组员六</td><td>组员七</td><td>组员八</td><td>总评</td></tr>
<tr><td>得分</td><td></td><td></td><td></td><td></td><td></td><td></td><td></td><td></td><td></td></tr>
</table>
小组互评：
<table>
<tr><td>组名</td><td>第一组</td><td>第二组</td><td>第三组</td><td>第四组</td><td>第五组</td><td>第六组</td><td>第七组</td></tr>
<tr><td>得分</td><td></td><td></td><td></td><td></td><td></td><td></td><td></td></tr>
<tr><td>组名</td><td>第八组</td><td>第九组</td><td>第十组</td><td>第十一组</td><td>第十二组</td><td>第十三组</td><td>第十四组</td></tr>
<tr><td>得分</td><td></td><td></td><td></td><td></td><td></td><td></td><td></td></tr>
</table>
个人总评：</td></tr>
</table>

项目三　城市轨道交通车站客运服务

任务一　乘客进站服务

学生工作页（3–1）

<table>
<tr><td colspan="2">班级：</td><td>学号：</td><td>姓名：</td><td>小组：</td></tr>
<tr><td>学习性工作任务</td><td colspan="4">3.1　乘客进站服务</td></tr>
<tr><td>实践性工作任务</td><td colspan="3">乘客进站服务</td><td>参考学时：4</td></tr>
<tr><td colspan="5">【知识技能要求】</td></tr>
<tr><td colspan="5">1. 掌握乘客进站服务内容；
2. 掌握乘客进站服务技巧；
3. 对不同情况下的乘客进站服务投诉进行原因分析并简述应对措施；
4. 通过分组、分角色进行案例纠正演练。</td></tr>
<tr><td>资讯：任务准备阶段</td><td colspan="4">【引导文】
1. 进站乘客如何引导？

2. 简述乘客进站服务七事项的处理方法。</td></tr>
</table>

资讯：任务准备阶段	3. 乘客可免费携带多少行李？ 4. 为什么不可携带气球乘车？ 5. 为什么不能携带家禽、宠物等进站乘车？ 6. 为什么不能在地铁站内进行商业拍摄？ 7. 14:30 左右，某站一位身穿蓝色制服的女乘客持 Token 往 B 端出站，该女乘客向引导员投诉车站设备不方便时，引导员回答“那你就别坐。”该站 IC 卡出闸机在 A 端，厅中引导员引导并陪同该女乘客到 A 端 IC 卡出闸机处出闸，当时 IC 卡出闸机处还有另一名引导员。此时该女乘客意见很大，不停地指责地铁设备“麻烦”。一位引导员闻到该女乘客身上有一股很浓的香水味，于是就问另一位引导员：“那女乘客是不是空姐？身上有很大的香水味”。又说：“好浓的香水，好呛鼻子啊”。最终该女乘客进行了投诉。 请对上述事件进行原因分析并简述处理措施。

资讯：任务准备阶段	8. 经调查：11 月 30 日（周日）中午，刘先生来到地铁某站做暗访，当他来到站厅第一眼就看到一名引导员头发长而蓬乱，趴在闸机上用手将手提广播按得“嘀嘀”响，同时还在用脚打拍子，一乘客拿 5 元钱来问他怎么买票，他支使乘客到 TVM 前就不管了，乘客不会买票，他也不进行引导。刘先生当场指出他的错误，他竟不与理睬。地铁站当天乘客较多，只开设了两个票亭，当刘先生问一引导员为何不加开窗口时，其态度冷漠地说：这不归我管。刘先生问当班厅巡，厅巡边走边回答他说：“不能增开窗口，没人值班。”刘先生看到其态度如此冷漠就去问正在更换钱箱的客值为什么不加开窗口？客值反问刘先生为什么要多开窗口，并告诉他等着，她找人回答他的问题。期间刘先生看到票亭售票员在与跟岗学员聊天。最后刘先生找到了当天值站，又向他提出了同样的问题，值站还没等刘先生讲完就急着向刘先生解释，并且不接受刘先生的建议，还说：“你错了！”并强调这是地铁的规定。最后刘先生只能失望而归。 请对该事件进行原因分析并简述处理措施。

<table>
<tr><td>资讯：任务准备阶段</td><td colspan="2"></td></tr>
<tr><td rowspan="3">计划与决策：任务实施方案制定阶段</td><td>查阅资料获取信息</td><td>1. 复习《城市轨道交通概论》关于客运服务等内容。
2. 参考《城市轨道交通服务礼仪》（人民交通出版社，高蓉）相关内容。
3. 浏览北京、广州、上海、深圳、南京、沈阳地铁等网站，查找各公司关于乘客进站服务中的投诉处理等方面的相关资料。</td></tr>
<tr><td>教师指导任务要点</td><td>1. 通过“引导文”学习本任务应掌握的知识要点。
2. 应明确乘客进站环节车站服务内容，引导学生正确使用服务用语。
3. 明确运营公司对乘客进站环节的规章制度。
4. 对不同原因造成的进站乘客投诉进行分析，并引导学生通过分情境、分角色演练加强对乘客进站服务的认识和理解。</td></tr>
<tr><td>任务实施方案制定</td><td></td></tr>
<tr><td rowspan="3">任务实施</td><td>时间：</td><td>地点：</td></tr>
<tr><td colspan="2">实施要点：</td></tr>
<tr><td colspan="2">实施过程记录另附。</td></tr>
<tr><td>评价</td><td colspan="2">通过个人工作页的完成质量，结合小组代表成果展示，完成本次工作任务的检查与评价。
自评分数：
组内互评：

评价人	组员一	组员二	组员三	组员四	组员五	组员六	组员七	组员八	总评
得分									

小组互评：

组名	第一组	第二组	第三组	第四组	第五组	第六组	第七组
得分							
组名	第八组	第九组	第十组	第十一组	第十二组	第十三组	第十四组
得分							

个人总评：</td></tr>
</table>

任务二　乘客购票服务

学生工作页（3-2）

<table>
<tr><td>班级：</td><td colspan="2">学号：</td><td>姓名：</td><td>小组：</td></tr>
<tr><td>学习性工作任务</td><td colspan="4">3.2　乘客购票服务</td></tr>
<tr><td>实践性工作任务</td><td colspan="3">乘客购票服务</td><td>参考学时：4</td></tr>
<tr><td colspan="5">【知识技能要求】</td></tr>
<tr><td colspan="5">1. 掌握乘客购票服务内容；
2. 掌握乘客购票服务技巧；
3. 对不同情况下的乘客购票服务投诉进行原因分析并简述应对措施；
4. 分组、分角色进行案例纠正演练。</td></tr>
<tr><td>资讯：任务准备阶段</td><td colspan="4">【引导文】
1. 当乘客询问如何购票时，应如何使用标准用语？

2. 如何为乘客兑换硬币？

3. 收到残币或假币时如何使用标准用语？

4. TVM 需要更换票筒钱箱或故障维修时如何使用标准用语？</td></tr>
</table>

资讯：任务准备阶段	5. 当乘客问单程票有效时间是怎么确定的，如何使用标准用语回答？ 6. 当乘客问“可以帮我买票吗？”如何使用标准用语回答？ 7. 当乘客问“购买储值票为什么要收取押金”时，如何使用标准用语回答？ 8. 当乘客问“如何查看车票使用纪录”时，如何使用标准用语回答？ 9. 18:15 时在某站，某乘客询问售票员是否可办理一卡通充值，该员工头也不抬且不予理睬，当乘客第四次询问时，其服务态度十分恶劣并大声对乘客说：“等一下可不可以，我不怕你投诉”，并冲出票亭与乘客争执。最终该乘客进行了投诉。请对该事件进行原因分析并简述处理措施。

资讯：任务准备阶段	10. 上午 10:30 分左右，有一位身材比较高大、大概 70 岁左右的老人拿着老免卡一路小跑到 A 端票亭前，要求售票员激活老免卡，售票员看到票亭前已有六、七个乘客在排队，其中也有老人，于是对该老年乘客说："麻烦你到后面去排队。"售票员当时说话的声音比较大，这位老人认为他态度不好，也很大声地说："老人不是有优先权的吗？"售票员指引这位老人看后面也有几位老人正在排队，说："其他老人也很守秩序，个个都在排队，麻烦你到后面排队。"这位老人一边骂他一边走到后面排队，售票员没有说话。排到这位老人时，售票员按规定激活了这位老人的老免卡后，老人对售票员说要投诉他，售票员就将服务总台的电话告诉了老人。由于售票员没有认识到此次事件的重要性，所以事后没有向上级领导汇报。 请对该事件进行原因分析并简述处理措施。

<table>
<tr><td rowspan="3">计划与决策：任务实施方案制定阶段</td><td>查阅资料
获取信息</td><td>1. 复习《城市轨道交通概论》关于客运服务等内容。
2. 参考《城市轨道交通服务礼仪》（人民交通出版社，高蓉）相关内容。
3. 浏览北京、广州、上海、深圳、南京、沈阳地铁等网站，查找各公司关于乘客购票服务中的投诉处理等方面的相关资料。</td></tr>
<tr><td>教师指导
任务要点</td><td>1. 通过“引导文”学习本任务应掌握的知识要点。
2. 应明确乘客购票环节车站服务内容，引导学生正确使用服务用语。
3. 明确运营公司对乘客购票环节的规章制度。
4. 对不同原因造成的购票乘客投诉进行分析，并引导学生通过分情境、分角色演练加强对乘客购票服务的认识和理解。</td></tr>
<tr><td>任务实施
方案制定</td><td></td></tr>
<tr><td rowspan="3">任务实施</td><td>时间：</td><td>地点：</td></tr>
<tr><td colspan="2">实施要点：</td></tr>
<tr><td colspan="2">实施过程记录另附。</td></tr>
</table>

评价

通过个人工作页的完成质量，结合小组代表成果展示，完成本次工作任务的检查与评价。

自评分数：

组内互评：

评价人	组员一	组员二	组员三	组员四	组员五	组员六	组员七	组员八	总评
得分									

小组互评：

组名	第一组	第二组	第三组	第四组	第五组	第六组	第七组
得分							
组名	第八组	第九组	第十组	第十一组	第十二组	第十三组	第十四组
得分							

个人总评：

任务三　乘客进闸服务

学生工作页（3–3）

<table>
<tr><td>班级：</td><td>学号：</td><td>姓名：</td><td>小组：</td></tr>
<tr><td>学习性工作任务</td><td colspan="3">3.3　乘客进闸服务</td></tr>
<tr><td>实践性工作任务</td><td colspan="2">乘客进闸服务</td><td>参考学时：4</td></tr>
<tr><td colspan="4">【知识技能要求】</td></tr>
<tr><td colspan="4">1. 掌握乘客进闸服务内容；
2. 掌握乘客进闸服务技巧；
3. 对不同情况下的乘客进闸服务投诉进行原因分析并简述应对措施；
4. 通过分组、分角色进行案例纠正演练。</td></tr>
<tr><td>资讯：任务准备阶段</td><td colspan="3">【引导文】
1. 对第一次使用车票进闸的乘客，特别是老年乘客，如何正确引导他们进闸？

2. 对携带了大件行李而不便进闸的乘客，如何正确引导他们进闸？

3. 如何处理乘客持票进不了站？

4. 如何制止乘客进闸时的饮食行为？

5. 当乘客的一卡通在进站时坏了，如何处理？</td></tr>
</table>

资讯：任务准备阶段	6. 在2013年6月16日晚19:30左右，某站值班站长与夜班客值在去点钞室时，路过南站厅，厅巡反映有一女乘客自述其带女儿在南端站厅（闸机编号：EN19）买票进闸，由于小孩没有超过1.2米不用买票，所以女乘客用一张票进站，让小孩跟在大人的后面，闸机关门时扇门夹到了小孩的头。值站听后便马上走到乘客面前询问情况，见小孩身高约0.9米，头部无伤痕，便对小孩进行了安抚，向乘客做好了解释工作，但女乘客要求值站出具地铁闸机扇门夹到她女儿头部的证明，值站听后向乘客解释车站不能出具此类证明。女乘客听后就说："你不能决定就找你的上级。"于是值站致电站长、分部主任，得到回复：因地铁无此规定，不能为乘客出具此类证明，请值站做好解释工作。于是值站再次向乘客解释，但乘客仍不接受，于是值站将服务总台电话提供给乘客，请其向总台咨询，于是乘客记下值站、客值的工号致电服务总台，总台在向车站了解了具体情况后向乘客做出了解释，但乘客也不满意总台的解释，于是打110报警，公安到场后为乘客做了笔录，后乘客离开。 请对该事件进行原因分析并简述处理措施。

资讯：任务准备阶段	7. 2013年3月9日19:45左右，有三名乘客在D口站厅准备购票时，站厅护卫发现他们携带鸡、鸽子等家禽进站，便向其解释动物不能带进站，但乘客却固执地要求车站出示相关规定给他看，值站收到通知后用对讲机讲话请乘客稍等。在此期间，站台护卫用对讲机问乘客是男是女，另一站台护卫用对讲机问："是谁，这么嚣张！"被乘客听到，乘客误认为是骂他，一定要护卫上来向他道歉，值站向乘客解释，但乘客拒不接受，还向总台投诉，后来乘客写下《乘客意见记录表》等待合理答复。 请对该事件进行原因分析并简述处理措施。

<table>
<tr><td rowspan="3">计划与决策：任务实施方案制定阶段</td><td>查阅资料
获取信息</td><td>1. 复习《城市轨道交通概论》关于客运服务等内容。
2. 参考《城市轨道交通服务礼仪》(人民交通出版社，高蓉)相关内容。
3. 浏览北京、广州、上海、深圳、南京、沈阳地铁等网站，查找各公司关于乘客进闸服务中的投诉处理等方面的相关资料。</td></tr>
<tr><td>教师指导
任务要点</td><td>1. 通过“引导文”学习本任务应掌握的知识要点。
2. 应明确乘客进闸环节车站的服务内容，引导学生正确使用服务用语。
3. 明确运营公司对乘客进闸环节的规章制度。
4. 对不同原因造成的进闸乘客投诉进行分析，并引导学生通过分情境、分角色演练加强对乘客进闸服务的认识和理解。</td></tr>
<tr><td>任务实施
方案制定</td><td></td></tr>
<tr><td rowspan="3">任务实施</td><td colspan="2">时间：　　　　　　　　　　地点：</td></tr>
<tr><td colspan="2">实施要点：</td></tr>
<tr><td colspan="2">实施过程记录另附。</td></tr>
<tr><td>评价</td><td colspan="2">通过个人工作页的完成质量，结合小组代表成果展示，完成本次工作任务的检查与评价。
自评分数：
组内互评：
<table>
<tr><td>评价人</td><td>组员一</td><td>组员二</td><td>组员三</td><td>组员四</td><td>组员五</td><td>组员六</td><td>组员七</td><td>组员八</td><td>总评</td></tr>
<tr><td>得分</td><td></td><td></td><td></td><td></td><td></td><td></td><td></td><td></td><td></td></tr>
</table>
小组互评：
<table>
<tr><td>组名</td><td>第一组</td><td>第二组</td><td>第三组</td><td>第四组</td><td>第五组</td><td>第六组</td><td>第七组</td></tr>
<tr><td>得分</td><td></td><td></td><td></td><td></td><td></td><td></td><td></td></tr>
<tr><td>组名</td><td>第八组</td><td>第九组</td><td>第十组</td><td>第十一组</td><td>第十二组</td><td>第十三组</td><td>第十四组</td></tr>
<tr><td>得分</td><td></td><td></td><td></td><td></td><td></td><td></td><td></td></tr>
</table>
个人总评：</td></tr>
</table>

任务四　乘客候车服务

学生工作页（3-4）

<table>
<tr><td>班级：</td><td>学号：</td><td>姓名：</td><td>小组：</td></tr>
<tr><td>学习性工作任务</td><td colspan="3">3.4　乘客候车服务</td></tr>
<tr><td>实践性工作任务</td><td colspan="2">乘客候车服务</td><td>参考学时：4</td></tr>
<tr><td colspan="4">【知识技能要求】</td></tr>
<tr><td colspan="4">1. 掌握乘客候车服务内容；
2. 掌握乘客候车服务技巧；
3. 对不同情况下的乘客候车服务投诉进行原因分析并简述应对措施；
4. 通过分组、分角色进行案例纠正演练。</td></tr>
<tr><td>资讯：任务准备阶段</td><td colspan="3">【引导文】
1. 对站在黄色安全线边缘或蹲姿候车、倚靠屏蔽门的乘客，如何进行安全教育？

2. 当发现乘客吸烟时应劝阻，如何使用标准用语？

3. 当小孩子在站台上追逐时应劝阻，如何使用标准用语？

4. 当站台有老人、精神异常等特殊乘客时，如何处理？</td></tr>
</table>

资讯：任务准备阶段	5. 当乘客有物品掉下轨道时，如何处理？ 6. 列车晚点、延误乘客时间时，如何处理？ 7. 某站站台护卫 A 在站台巡视时发现有 7、8 名学生倚靠屏蔽门，上前劝说后与乘客发生争执，随后护卫 A 用对讲机呼叫厅巡、D 口通道护卫 B 到站台协助。通道护卫 B 赶到站台进行劝阻后，一名学生避开工作人员打 110 报警。此时厅巡和值站赶到站台，厅巡见该名学生在下行方向的扶梯处大声吵嚷，便走过去，用手搭上学生的肩膀，想把他拉到人少的地方，该名学生认为厅巡的行为有恐吓意味并再次打 110 催促公安到场处理。后经公安调解该名学生取消了 110 立案并离去。 请对该事件进行原因分析并简述处理措施。

资讯：任务准备阶段	8. 17:40 分左右，A 站站台护卫向车控室汇报一女乘客的车票不小心掉在了上行线轨道上。经询问乘客得知，该乘客是准备去 B 站，掉下去的车票是一张 3 元单程票。此时列车准备进站，值班站长通知站台，让乘客出站再补票，乘客听后态度非常恶劣，并大骂为什么不可以马上捡回、这是什么态度等，在站台影响较大，值班站长考虑到是一张单程票掉轨，行调是不会让车站及时拾回，而且现在正是运营高峰期，站台是一人接车，于是值班站长按习惯做法联系 B 站行车值班员，请该站开边门放行，同时告诉 B 站该乘客乘坐的车次，当时 B 站行车值班员同意开边门，于是 A 站值站通知站台，叫乘客到 B 站找工作人员。约 18:30 左右，B 站值站打电话来说她不会给乘客开边门，她要乘客补 6 元钱出站，但乘客不愿意，A 站值站告诉她此事已经和他们车站的行值联系好了，B 站值站说即使乘客到了 B 站也不开边门，并要求乘客补 6 元钱，当时 A 站值班站长也没办法，就让 B 站值站先垫 6 元钱解决乘客出站，最后派人将 6 元钱送到 B 站。 请对该事件进行原因分析并简述处理措施。

<table>
<tr><td rowspan="3">计划与决策：任务实施方案制定阶段</td><td>查阅资料
获取信息</td><td>1. 复习《城市轨道交通概论》关于客运服务等内容。
2. 参考《城市轨道交通服务礼仪》（人民交通出版社，高蓉）相关内容。
3. 浏览北京、广州、上海、深圳、南京、沈阳地铁等网站，查找各公司关于乘客候车服务中的投诉处理等方面的相关资料。</td></tr>
<tr><td>教师指导
任务要点</td><td>1. 通过“引导文”学习本任务应掌握的知识要点。
2. 应明确乘客候车环节车站服务内容，引导学生正确使用服务用语。
3. 明确运营公司对乘客候车环节的规章制度。
4. 对不同原因造成的候车乘客投诉进行分析，并引导学生通过分情境、分角色演练，加强对乘客候车服务的认识和理解。</td></tr>
<tr><td>任务实施
方案制定</td><td></td></tr>
<tr><td rowspan="3">任务实施</td><td>时间：</td><td>地点：</td></tr>
<tr><td colspan="2">实施要点：</td></tr>
<tr><td colspan="2">实施过程记录另附。</td></tr>
<tr><td>评价</td><td colspan="2">通过个人工作页的完成质量，结合小组代表成果展示，完成本次工作任务的检查与评价。
自评分数：
组内互评：
<table>
<tr><td>评价人</td><td>组员一</td><td>组员二</td><td>组员三</td><td>组员四</td><td>组员五</td><td>组员六</td><td>组员七</td><td>组员八</td><td>总评</td></tr>
<tr><td>得分</td><td></td><td></td><td></td><td></td><td></td><td></td><td></td><td></td><td></td></tr>
</table>
小组互评：
<table>
<tr><td>组名</td><td>第一组</td><td>第二组</td><td>第三组</td><td>第四组</td><td>第五组</td><td>第六组</td><td>第七组</td></tr>
<tr><td>得分</td><td></td><td></td><td></td><td></td><td></td><td></td><td></td></tr>
<tr><td>组名</td><td>第八组</td><td>第九组</td><td>第十组</td><td>第十一组</td><td>第十二组</td><td>第十三组</td><td>第十四组</td></tr>
<tr><td>得分</td><td></td><td></td><td></td><td></td><td></td><td></td><td></td></tr>
</table>
个人总评：</td></tr>
</table>

任务五 乘客出闸服务

学生工作页（3–5）

<table>
<tr><td>班级：</td><td colspan="2">学号：</td><td>姓名：</td><td>小组：</td></tr>
<tr><td>学习性工作任务</td><td colspan="4">3.5 乘客出闸服务</td></tr>
<tr><td>实践性工作任务</td><td colspan="3">乘客出闸服务</td><td>参考学时：4</td></tr>
<tr><td colspan="5">【知识技能要求】</td></tr>
<tr><td colspan="5">1. 掌握乘客出闸服务内容。
2. 掌握乘客出闸服务技巧。
3. 对不同情况下的乘客出闸服务投诉进行原因分析并简述应对措施。
4. 通过分组、分角色进行案例纠正演练。</td></tr>
<tr><td>资讯：任务准备阶段</td><td colspan="4">【引导文】
1. 如何处理超高小孩逃票、成人逃票或违规使用车票的乘客？

2. 如何正确引导携带大件物品的乘客出闸？

3. 如何正确引导乘客手持车票出不了站？

4. 售票员如何处理补票口车票？</td></tr>
</table>

资讯：任务准备阶段	5. 当乘客车票丢在车厢里了，问怎么办时，如何使用标准用语？ 6. 当乘客询问车票已放在验票区，为什么过不去时，如何使用标准用语？ 7. 在 6 月 10 日 8:10 分左右，一位男乘客在某站 B 端出闸时，看到工作人员后，便询问当时的厅巡：“你们站长在吗？我有事找她。”厅巡回答：“站长不在，还未上班，请你多等 10 分钟左右。如果叫当班值班站长可以吗？”男乘客说：“可以。”接着厅巡马上用对讲机通知行车值班员叫当班值班站长到站厅，在乘客等候期间，厅巡询问乘客有什么事，但乘客不肯讲，厅巡也没有追问。值班员接报后去找值班站长。因为此时值班站长可能在点钞室监督客运值班员之间的交接，行值打电话到点钞室，但客运值班员回复：值站已经离开点钞室。于是行值便开始广播：“值站听到广播后请与车控室联系”。接着用对讲机呼：“值站，请到站厅”，但还是未回复。约 2 分钟后，乘客又问：“你们值班站长出来了吗？”于是厅巡再用对讲机通知行值：“请通知值站快点出来站厅。”行值回答：“好的”并继续找值班站长。男乘客又等了约两分钟后，说：“我不等了，要去洗手间，我是想同你们站长反映一件事，就是我的单程票是在票务处买的，而不是在售票机上买的，为什么会这样？”男乘客说完就立即从出闸机出站。后来值站到达车控室后，回复刚才在洗手间。行值向其反映：“有乘客事务。”行值询问厅巡：“乘客还在站厅吗？”厅巡说“乘客已经走了。” 请对该事件进行原因分析并简述处理措施。

资讯：任务准备阶段	8. 2004 年 4 月，某站早班厅巡站在站厅 B 端闸机处引导乘客出闸，这时一名女乘客正准备抱着一个女孩出站，由于女孩看起来已经较高，厅巡走过去说："女士，您的小孩已经很高，麻烦你带小孩过来量一下身高是否超过 1.2 米，如果超过需要补票。"女乘客带小孩出闸后在 1.2 米身高度量标尺前量身后发现小孩已超过 1.2 米。于是厅巡带乘客到票亭补票，但当乘客听到需要补票 8 元时非常生气，厅巡又再次向乘客解释了票务政策，乘客很气恼，拉起小孩就往出入口走，厅巡追出去，并用对讲机报车控室。值班站长在听到报告后立即带引导员跑到现场，看到乘客正在十分生气地与厅巡讲理。值站立即让引导员将厅巡拉开并上前询问乘客有什么需要帮助处理的，并向乘客解释规定。乘客表示同意量身高，经度量，该乘客的女儿脱鞋后的身高刚好为 1.2 米。此时厅巡又再次走过来说："小孩乘坐地铁是穿着鞋子的，那现在就要穿着鞋子量。"乘客激动地对值站说："你的员工这是什么态度啊？这分明是有意刁难我，浪费我的时间，她的员工号是多少？我马上去投诉她。"值班站长听乘客说要投诉，连忙向乘客解释，希望乘客将此事交由车站处理，但乘客以赶时间为由拒绝了，随即离开。 请对该事件进行原因分析并简述处理措施。

计划与决策：任务实施方案制定阶段	查阅资料获取信息	1. 复习《城市轨道交通概论》关于客运服务等内容。 2. 参考《城市轨道交通服务礼仪》（人民交通出版社，高蓉）相关内容。 3. 浏览北京、广州、上海、深圳、南京、沈阳地铁等网站，查找各公司关于乘客出闸服务中的投诉处理等方面的相关资料。
	教师指导任务要点	1. 通过“引导文”学习本任务应掌握的知识要点。 2. 应明确乘客出闸环节车站服务内容，引导学生正确使用服务用语。 3. 明确运营公司对乘客出闸环节的规章制度。 4. 对不同原因造成的出闸乘客投诉进行分析，并引导学生通过分情境、分角色演练，加强对乘客出闸服务的认识和理解。
	任务实施方案制定	
任务实施	时间：	地点：
	实施要点：	
	实施过程记录另附。	

评价

通过个人工作页的完成质量，结合小组代表成果展示，完成本次工作任务的检查与评价。

自评分数：

组内互评：

评价人	组员一	组员二	组员三	组员四	组员五	组员六	组员七	组员八	总评
得分									

小组互评：

组名	第一组	第二组	第三组	第四组	第五组	第六组	第七组
得分							
组名	第八组	第九组	第十组	第十一组	第十二组	第十三组	第十四组
得分							

个人总评：

任务六　乘客出站服务

学生工作页（3-6）

班级：	学号：	姓名：	小组：
学习性工作任务	3.6　乘客出站服务		
实践性工作任务	乘客出站服务		参考学时：4
【知识技能要求】			
1. 掌握乘客出站服务内容； 2. 掌握乘客出站服务技巧； 3. 对不同情况下的乘客出站服务投诉进行原因分析并简述应对措施； 4. 通过分组、分角色进行案例纠正演练。			
资讯：任务准备阶段	【引导文】 1. 如何正确处理乘客逗留？ 2. 如果乘客不确定出站方向，如何正确引导？		

资讯：任务准备阶段	3. 某日上午，有一位乘客投诉，在 A 站办理的一张 100 元的无效票，取票站是 B 站，但是到 23 日仍未办好。经过调查，下午 14:15 分左右，B 站有乘客办理 OP103C，客运值班员到票亭办理，值班员到票亭后按照乘客手中的 OP103C 办理的日期查看了 10 月 9 日 ~ 10 月 10 日的无效票通知书，发现乘客的应得余值处写着："已移交 AFC，请乘客另等通知"。于是值班员继续查看后面下发的无效票通知书，当时车站的无效票通知书中，最后一张是办理 14 ~ 15 日上交的无效票的。而在这些无效票通知书中，都没有发现乘客的车票信息。客运值班员值班员就耐心地对乘客解释："对不起，由于您的票损坏得比较严重，我们票务部门一般的设备都不能读取信息，现已移交到专业部门去查询，可能时间会稍微长些。加上今天是星期天，我们节假日办理无效票是顺延的，麻烦您过一、两天再来好吗？"当时乘客还是担心是否车票真的是查看不到信息，于是值班员就把 10 月 9 日的无效票通知书拿给乘客看，以消除乘客的疑虑。经过值班员的耐心解释，乘客基本上还是能够接受的，并答应过两天再来看。而在 21、22 日该乘客都没有到车站来办理，直到 23 日由服务总台打电话来询问此事后，乘客才来办理。当时乘客的车票信息是在 21 日下发的办理 16 ~ 17 日上交的无效票通知书中。 　　请对该事件进行原因分析并简述处理措施。

资讯：任务准备阶段	4. 8月22日9时30分左右，一名30多岁的妇女带着一名约10岁的小女孩，欲通过地铁站出口时，地铁站的工作人员发现该女孩身高已超过1.2米，却未按规定购买全票，于是要罚这位妇女的款。但这位母亲表示女儿在进站时并没有工作人员要求购买全票，现在出站却要罚款，明显不合理。她坚称，补票可以，罚款绝对不接受；地铁站工作人员则坚称要母亲交罚款，否则不让出站。双方争执了十几分钟，母亲一怒之下留下女儿扭头就走。女儿在身后大哭，工作人员则未做任何处理后散去，留下小女孩一人满脸泪花不知所措。 请对该事件进行原因分析并简述处理措施。

计划与决策：任务实施方案制定阶段	查阅资料 获取信息	1. 复习《城市轨道交通概论》关于客运服务等内容。 2. 参考《城市轨道交通服务礼仪》（人民交通出版社，高蓉）相关内容。 3. 浏览北京、广州、上海、深圳、南京、沈阳地铁等网站，查找各公司关于乘客出站服务中的投诉处理等方面的相关资料。
	教师指导 任务要点	1. 通过“引导文”学习本任务应掌握的知识要点。 2. 应明确乘客出站环节车站服务内容，引导学生正确使用服务用语。 3. 明确运营公司对乘客出站环节的规章制度。 4. 对不同原因造成的出站乘客投诉进行分析，并引导学生通过分情境、分角色演练，加强对乘客出站服务的认识和理解。
	任务实施 方案制定	
任务实施	时间：	地点：
	实施要点：	
	实施过程记录另附。	

评价

通过个人工作页的完成质量，结合小组代表成果展示，完成本次工作任务的检查与评价。

自评分数：

组内互评：

评价人	组员一	组员二	组员三	组员四	组员五	组员六	组员七	组员八	总评
得分									

小组互评：

组名	第一组	第二组	第三组	第四组	第五组	第六组	第七组
得分							
组名	第八组	第九组	第十组	第十一组	第十二组	第十三组	第十四组
得分							

个人总评：

项目四　乘客投诉及伤亡处理

任务一　乘客投诉处理

学生工作页（4–1）

<table>
<tr><td>班级：</td><td>学号：</td><td>姓名：</td><td>小组：</td></tr>
<tr><td>学习性工作任务</td><td colspan="3">4.1　乘客投诉处理</td></tr>
<tr><td>实践性工作任务</td><td colspan="2">投诉案例分析</td><td>参考学时：2</td></tr>
<tr><td colspan="4">【知识技能要求】</td></tr>
<tr><td colspan="4">1. 掌握乘客投诉的原因及处理投诉的原则；
2. 掌握各级单位和部门之间对于投诉处理的职责分工；
3. 对不同情况下的乘客投诉进行原因分析并简述应对措施；
4. 通过分组、分角色进行案例纠正演练。</td></tr>
<tr><td>资讯：任务准备阶段</td><td colspan="3">【引导文】
1. 乘客投诉的概念？

2. 乘客投诉的分类有哪些？

</td></tr>
</table>

资讯：任务准备阶段	3. 对于乘客的投诉，处理原则是什么？ 4. 有效地处理投诉对轨道交通企业有哪些意义？ 5. 处理投诉的一般工作流程是什么？ 6. 作为城市轨道交通客运服务人员，妥善处理投诉有哪些要点？ 7. 在乘客投诉管理工作中，最重要的环节在于投诉预防工作，预防投诉的具体措施有哪些？

资讯：任务准备阶段	8. 某日，一乘客手持 10 元人民币来城轨某站售票窗口购票，由于列车将要进站，乘客急于赶车，急忙中只拿了找零 7 元，而未拿车票，到进站口才发现，又返回售票处向售票员反映未拿车票的情况。售票员则态度生硬地认定是乘客自己将车票丢失了，而不予理睬，乘客只得气恼地重新购票进站。 请对该事件进行原因分析并简述处理措施。 9. 某日，一乘客用两个 5 角、10 个 1 角硬币到某站售票窗口购买车票，售票员虽没说什么，但板着脸，且给票时力气很大，车票滑到了地上，她也没道歉。 请对该事件进行原因分析并简述处理措施。 10. 一女乘客到某车站加值，站务员在和乘客确认加值金额时，乘客指出站务员声音太哆，引起周边乘客议论，说女乘客吹毛求疵，该女乘客随即指责站务员骂她，非常气愤地表示要投诉，站务员立即请值班站长到现场处理。值班站长听完乘客的叙述后，立即让站务员向乘客赔礼道歉。站务员不得已道歉。乘客立即记下她的工号，表示要做进一步投诉，并说：她既然道歉，肯定是说过骂我的话了，否则她为什么道歉？ 请对该事件进行原因分析并简述处理措施。

<table>
<tr><td rowspan="3">计划与决策：任务实施方案制定阶段</td><td>查阅资料
获取信息</td><td colspan="2">1. 复习《城市轨道交通概论》关于客运服务等内容。
2. 参考《城市轨道交通服务礼仪》(人民交通出版社，高蓉)相关内容。
3. 浏览北京、广州、上海、深圳、南京、沈阳地铁等网站，查找各公司关于乘客投诉处理、乘客伤亡处理及责任划分等方面的相关资料。</td></tr>
<tr><td>教师指导
任务要点</td><td colspan="2">1. 通过“引导文”学习本任务应掌握的知识要点。
2. 应明确乘客投诉的原因及处理原则和措施，引导学生正确对待乘客投诉。
3. 明确各车站各部门之间对投诉处理的职责分工。
4. 对不同原因造成的乘客投诉进行分析，并引导学生通过分情境、分角色演练，加强对乘客投诉的认识和理解。</td></tr>
<tr><td>任务实施
方案制定</td><td colspan="2"></td></tr>
<tr><td rowspan="3">任务实施</td><td colspan="2">时间：</td><td>地点：</td></tr>
<tr><td colspan="3">实施要点：</td></tr>
<tr><td colspan="3">实施过程记录另附。</td></tr>
<tr><td>评价</td><td colspan="3">通过个人工作页的完成质量，结合小组代表成果展示，完成本次工作任务的检查与评价。
自评分数：
组内互评：
<table>
<tr><td>评价人</td><td>组员一</td><td>组员二</td><td>组员三</td><td>组员四</td><td>组员五</td><td>组员六</td><td>组员七</td><td>组员八</td><td>总评</td></tr>
<tr><td>得分</td><td></td><td></td><td></td><td></td><td></td><td></td><td></td><td></td><td></td></tr>
</table>
小组互评：
<table>
<tr><td>组名</td><td>第一组</td><td>第二组</td><td>第三组</td><td>第四组</td><td>第五组</td><td>第六组</td><td>第七组</td></tr>
<tr><td>得分</td><td></td><td></td><td></td><td></td><td></td><td></td><td></td></tr>
<tr><td>组名</td><td>第八组</td><td>第九组</td><td>第十组</td><td>第十一组</td><td>第十二组</td><td>第十三组</td><td>第十四组</td></tr>
<tr><td>得分</td><td></td><td></td><td></td><td></td><td></td><td></td><td></td></tr>
</table>
个人总评：</td></tr>
</table>

任务二　乘客伤亡处理

学生工作页（4–2）

<table>
<tr><td colspan="2">班级：</td><td>学号：</td><td>姓名：</td><td>小组：</td></tr>
<tr><td>学习性工作任务</td><td colspan="4">4.2　乘客伤亡处理</td></tr>
<tr><td>实践性工作任务</td><td colspan="3">案例分析乘客发生客伤事件的处理</td><td>参考学时：2</td></tr>
<tr><td colspan="5">【知识技能要求】</td></tr>
<tr><td colspan="5">1. 掌握客运伤亡事件的相关概念；
2. 掌握车站客伤处理的程序；
3. 案例分析——乘客发生客伤事件的处理。</td></tr>
<tr><td>资讯：任务准备阶段</td><td colspan="4">【引导文】
1. 客伤的分类和等级有哪些？

2. 客伤受理、处理的原则是什么？

3. 轨道交通发生较大客伤，且影响到正常运营时，应尽快恢复运营，疏导乘客，此时各岗位的具体职责是什么？</td></tr>
</table>

资讯：任务准备阶段	4. 重大伤亡事故的报告顺序和内容是什么？ 5. 画出客伤处理流程图。 6. 客伤事件的预防措施有哪些？

资讯：任务准备阶段	7. 某年某月某日，某地铁站的一名女乘客在乘某站厅付费区的上行自动扶梯时，违反安全乘坐扶梯的要求，站在扶梯左侧并且将身体上半部伏在扶梯扶手上，回头向下张望；当该乘客运行至扶梯与站台顶板夹角处，头部卡在夹角处，导致伤害事故发生。两名乘客将其搀扶至扶梯上口并告知车站值班人员，当班站长与值班人员立即取急救箱到事发区域，迅速给该乘客包扎，并应乘客的要求及时通知家属，同时将该乘客送往医院。 请对该事件进行原因分析并简述处理措施。 8. 某年某月某日，一女乘客刘小姐到达某站B口，而刘小姐要乘的列车将于5 min后到达本站，刘小姐经常乘坐地铁，熟知地铁到达时刻，因此着急赶车，在出入口处滑倒。此时，该站两名保安和站务员看到了该乘客的摔到过程，急忙将乘客扶起，让其到站长室进行休息。 请对该事件进行原因分析并简述处理措施。

<table>
<tr><td rowspan="3">计划与决策：任务实施方案制定阶段</td><td>查阅资料
获取信息</td><td colspan="2">1. 复习《城市轨道交通概论》关于客运服务等内容。
2. 参考《城市轨道交通服务礼仪》（人民交通出版社，高蓉）相关内容。
3. 浏览北京、广州、上海、深圳、南京、沈阳地铁等网站，查找各公司关于乘客投诉处理、乘客伤亡处理及责任划分等方面的相关资料。</td></tr>
<tr><td>教师指导
任务要点</td><td colspan="2">1. 通过“引导文”学习本任务应掌握的知识要点。
2. 应明确客伤处理过程中分级管理的职责和权限以及各岗位的具体职责。
3. 注意车站客伤处理程序中取证、判断和处理的关系。
4. 注意不同客伤事件的原因分析和处理措施。</td></tr>
<tr><td>任务实施
方案制定</td><td colspan="2"></td></tr>
<tr><td rowspan="3">任务实施</td><td colspan="2">时间：</td><td>地点：</td></tr>
<tr><td colspan="3">实施要点：</td></tr>
<tr><td colspan="3">实施过程记录另附。</td></tr>
<tr><td>评价</td><td colspan="3">通过个人工作页的完成质量，结合小组代表成果展示，完成本次工作任务的检查与评价。
自评分数：
组内互评：（见下表）
小组互评：（见下表）
个人总评：</td></tr>
</table>

组内互评：

评价人	组员一	组员二	组员三	组员四	组员五	组员六	组员七	组员八	总评
得分									

小组互评：

组名	第一组	第二组	第三组	第四组	第五组	第六组	第七组
得分							
组名	第八组	第九组	第十组	第十一组	第十二组	第十三组	第十四组
得分							

个人总评：